Marion Jana Goeritz

Sternenozean

Bibliografische Information der Deutschen Nationalbibliothek:

Die Deutsche Nationalbibliothek verzeichnet diese Publikation in der Deutschen Nationalbibliografie; detaillierte bibliografische Daten sind im Internet über http://dnb.dnb.de abrufbar.

Herstellung und Verlag: BoD – Books on Demand, Norderstedt

ISBN: 978-3-7460-9685-8

Herzlich Willkommen liebe Leser,

mitten im Sternenozean

lesen wir unsere Geschichten.

Wir können des Nachts ihn beobachten

und sehen wir ihn am Tag auch nicht,

wissen wir doch, er ist da.

Die Liebe ist ein großes, tiefes Gefühl und

sagt sie Guten Tag , fühlen wir sie

schon mit dem Morgentau, auch in der

hellsten Sonne, bei Dämmerung hält sie

uns im Arm und

des Nachts, wenn die Sterne hell blinken

spüren wir sie mit allen Sinnen bis weit

hinein in den nächsten Morgen. Endlos-

schleife gern gefühlt in den hellsten Far-

ben.

Herzlichst

Marion Jana Goeritz

Das Meer

im Dunkeln spiegelt es Licht

Sonnen schwer

Mut

geboren im Licht des Dunkeln

ein Morgen

verspricht so viel

weil ein Herz

seinen Weg

gefunden fühlt

Silbernes Licht

in dunkler Nacht

wunderbar

tröstend kannst du sein

furchtbar kalt

kannst du scheinen

das Liebste

so weit entfernt

ein Herz

weint in mancher Nacht

ein anderes lacht

warum

das weiß nur die Nacht

Sternenlicht

berührt tanzende Wellen

sacht

spielen sie auf dem Ozean

kommen an Land

irgendwann

um zu schauen

wer sich da so einsam fühlt

tröstend

wecken sie die Seele

die noch schläft

und erzählen ihr

von ihren Wellen

von hoch und tief

Seelenlachen

klingt so schön

Sand

rinnt durch die Finger

wie die Zeit

die noch bleibt

um das zu ändern

das nicht passt

Ozeantief

und sternenklar

der Weg

der unserer ist

begehbar

nicht einfach so

aber

mit etwas Mut im Gepäck

ist es der einzige

der sich lohnt zu gehen

leben und leben

lieben und lieben

lachen und lachen

das ist der Weg

den ich meine

Am Abend

wenn das Sonnenlicht müde

die Nacht

sich in ihrem schönsten Kleid uns zeigt

sprechen so viele von Liebe

unter dem leuchtenden Sternenzelt

Gefühle

erklimmen Herzen

doch manches Wort

erreicht nicht den Morgen

erzähle mir im Licht der Sonne

von deinen Gefühlen für mich

schau mir tief in meine Augen

und zum Himmelslicht

berührt es mich

tief in der Seele

spreche ich dir nach

und dein Herz wird fühlen

ob ich die Richtige wäre

ich

glaube es einfach nicht

Manchmal

bewachte er ihre Gefühle

wie ein Soldat

manchmal wehrte sie sich

wie ein Partisane

manchmal

lagen sie beieinander

wie ein altes Ehepaar

manchmal

fühlten sie sich beide

im Angesicht der Liebe

Liebe

kann ein heißes Eisen sein

es schmiedet Gefühle zusammen

nur

bleibt die Frage noch zu klären

wer ist der Schmied

wer das Eisen

Die Küsse der Nacht

schmeckten bitter

in seinem Bett

lag eine Frau

warum auch immer

seine Augen

wanderten hinauf zum Himmelszelt

suchten das Gefühl

das er schon so lange kannte

wie wird es sein

werden diese Küsse besser schmecken

noch wusste er es nicht

vielleicht

ahnte er

das es Zeit wurde es zu ändern

doch der Tag lenkte ihn ab von alle dem

Nachdenken

das kannte er lange nicht

bis das Gefühl ihm zu nah erschien

vieles anders

Schritt für Schritt führte er sich

in ein liebevolleres Leben

wie schön er doch geworden ist

Musik

erklingt am Hafen

die Sterne

blinken im Blau des Wassers

das weiße Boote trägt

zwei sitzen und fahren hinaus

die silberne Himmelsscheibe

leuchtend hell begleitet sie

Worte zärtlich

erreichen liebende Seelen

Glück

so nah und der Tag noch weit entfernt

das Boot

es fährt sie zurück

keine Träne hat gesiegt

doch Mut ist geboren

über dem Ozean

mit seinem hellem Lichtern

im Dunklen der Nacht

dass das

was sie für einander fühlen

auch im Morgen bleibt

wurde für immer

in den Himmel geschrieben

Sternenzelt

deine Lichter

erzählen blinkend

und ist ein Zeichen für mich dabei

erfreut sich

nicht nur meine Seele

wenn es friedlich zu mir findet

weil es von Freundschaft spricht

Wie viele Sterne

sind über mir

wie viele Sonnen scheinen

die ich nicht spüre

wie viele Monde

drehen sich in einer Umlaufbahn

wie viele Sternschnuppen

reisen durch die Atmosphäre

wie viele Fragen

erreichen den Sternenozean

wie viele Antworten

muss es geben für all diese Fragen

wie viele Seelen

reisen mit den Lichtern in der Nacht

wie viele Menschen

liegen im Dunkeln oft wach

wie viele Gefühle

kann eine Seele tragen

wie viele Engel

braucht ein Planet

um glückliche Menschen zu bergen

wie viele Chancen

bekommen Menschen

weil ihnen Liebe fehlt

wie viele

Wenn der Ozean

der Sternen tief

Raumschiffe

ihn durchkreuzen

das Wasser der Meere bewegend

Schiffe auf ihnen fahren

Berge der Landschaft

hoch und schroff

Menschen sie besteigen

meine Liebe

tief und groß lebt

nur eine Seele

sich darin fand

wird es noch etwas geben

das ich noch nicht kenne

jedoch

glaube ich

es braucht noch Zeit

um diese schönsten Farben zu sehen

Schreibst du deine Gefühle

hoch ans Himmelszelt

erzählst von deiner Liebe

einen Stern wird es sicher geben

der auch dich versteht

ich bin mir sicher

nur ist mein Sternenlicht schon besetzt

von einem

den ich liebe

Mondgöttin

heller Schein

mutig

zeigst du dich so leuchtend

fremdes Licht

das du fängst

es lässt dich erscheinen auch am Tag

doch im Dunkeln zeigst du dich mystisch

und geheimnisvoll

als wolltest du sagen

schaut her ich kann so

und so

Ist der Horizont

getaucht in rotes Licht

sind die wärmenden Strahlen der Sonne

müde vom Tag

Dämmerungsgedanken

schon am Morgen

sind die Gefühle klar

wie es das Sternenlicht der Nacht war

15

Kein Tag

kehrt zurück

nicht eine Minute

unseres Lebens

vertan

oder gelebt

den Augenblick ehren

manchmal

nicht ganz leicht

wenn nach den dunkleren Wolken

die Sonne endlich wieder scheint

Streifenmuster

längs oder quer

was erzählt es mir

Kummer und Kummer

bunte Farben

ganz egal wie

was erzählt es mir

Freude und Freude

der Himmel wacht über die

die es auch wollen

Das goldene Licht des Himmels

es wärmt die Welt

ziehen kalte Herzen durch die Straßen

sie suchen Liebe

doch haben nicht gelernt

sich selbst zu lieben

was werden sie wohl finden

das wärmende Licht des Himmels

das golden auch auf sie fällt

wenn sie es nur endlich bemerken

Manchmal

ist es Zeit zu gehen

es gibt nur einen Grund dafür

Liebe fehlt

bist du so ein Mensch

der sich nicht fühlt

bei denen wo er ist

dann gehe am Tag

es ist ehrlich und aufrecht

die Sonne scheint auf deinen Weg

folgst du diesem mit Mut

findest du

was du gesucht

die Angst der anderen

hält dich nicht mehr ab

zu lieben von ganzem Herzen

es ist der Auftrag deiner Seele

den du in Vertrauen ausübst

und du lebst

Im Ozean

der Seele

tiefe Gräben

in ihnen

noch nicht erkanntes Talent

du bist dein Tiefseetaucher

manchmal

auch erst bei Regen

findet er die Schätze

in den tiefen Gräben der Seele

alles neu und doch so vertraut

Von weiter Ferne

sah ich es kommen

mitten in der Nacht

flog es mit Schallgeschwindigkeit an mir vorbei

versank im Sternenozean

hell und groß war sein Erscheinen

doch ein Gefühl

löste es in mir nicht aus

das fühlte ich erst später

Wenn Tage erzählen

Nächte schweigen

ist nichts verkehrt

wenn Nächte erzählen

Tage schweigen

ist es an der Zeit

etwas zu ändern

Liebe fehlt

wenn Tage und Nächte erzählen

ist es an der Zeit

drei Worte zu sprechen

du bist wunderbar

Ja

es ist wahr

ich hegte einen Gedanken

wusste

tat ich dies früher

war es vorbei

doch

ich hatte keinen Traum

dennoch

kam ein Gefühl in mein Leben

nun frage ich mich

warum

fühlst du dich

in den Tagen und Nächten

die unsere Gefühle tragen

streitest du dich mit ihnen

über die Frage

was das ist

glaubst du

es ist die Liebe

die dir fehlt

weißt du

was du tun wirst

ich nämlich nicht

Schaust du zum Himmel

glaubst du

du teilst dein letztes Hemd mit ihr

räumst deinen Schrank auf

und gibst ihr ein Fach darin

damit sie bleiben darf

du möchtest sie im Arm halten

bis zum Morgen

und geht sie auf die Straße

dann nicht ohne dich

weil du sonst umkommst

ohne ihre Liebe

nein

so fühlst du nicht

dann

lass es lieber bleiben

Liebe

lässt nicht nur frei

sie hält auch

Meine Gefühle

fuhren Achterbahn

kein Rat

zur Hand

Tage hell und Nächte dunkel

so wie es im Buch der Erde stand

doch

über die Liebe

las ich nicht viel

da lerne ich

während ich lebe

einfach so

Wenn

du alle ihre Wünsche erfüllst

hast du kein eigenes Leben

wenn

du auf der Flucht bist

fühlst du keinen Frieden

der Himmel schaut dir zu

bei deinem Tun

was wirst du ihm sagen

wenn er dich fragt

wie ist dein Leben

Die Frage

warum wir hier sind

genau zu dieser Zeit

lässt Großes erahnen

warum Kummer

damit wir Liebe suchen

warum Kriege

damit wir Frieden finden

warum du und ich

weil ich gelernt habe

und du noch lernst von mir

weil auch du dich lieben magst

das ist das Ziel

vielleicht

schon heute

Wie Kerzen im Wind

sind unsere Leben

der liebe Gott

lässt uns leben

so lange es ihm gefällt

Es waren die Tage des Herrn

als ich geboren

sie sollten wachsen an mir

meine Prüfungen kamen

ohne zu wissen

das sie es sein würden

ging ich davon

nicht zu früh

vielleicht

zu spät

doch früh

genug für mich

mein Leben

warum nur

war es manchmal so schwer

das Halten

weil ich es anders nicht kannte

das Lassen

im Blick zurück auch nicht leicht

doch immer nur nach vorn zu sehen

ist es das

was ich brauche

nicht das ich jemals vergesse

woher ich kam

Ein Ozean in den Seelen

Gefühle tief

berührt sie bis zum Herzen weit

altes Leben vergessen

im Licht der Sterne grüßte es sie

Brücken im Traum erkoren

Flammen im Wind geboren

Wellen kamen und rollten zurück

im Ozean der Seelen

spiegelten die Sterne die Nacht zurück

die ihnen auch am Tag

ein Sternenlicht zeigte

Weißt du

ob der Himmel für dich betet

spürst

die Liebe die von ihm fährt

sprichst

du ehrlich deine Worte

ist deine Sorge

schon am gehen

Groß der Ozean der Seele

Tief seine Welt

verborgen im Reich seiner Mitte

das Licht

das die Welt erhellt

gezogen vom Himmel hoch

wird es kommen

geschützt durch Engelslicht

ist es am Größer werden

wenn

du die Wahrheit sprichst

Ein Sternentor

das gibt es nicht

überall ist ihr Licht

sie leuchten Tag und Nacht

wenn du sie auch nicht sehen kannst

das Beste

wird für dich getan

der Himmel

wacht über dich

Die Seele

ist ein altes Weib

ihr Wissen

ist uralt

Sterne

leuchten ihren Weg

Meereswelle

spülte schon

ihr Wissen

in die Ewigkeit

Schleier

grau doch unsichtbar

gefallen an einem der Tage

der die Sonne sah

groß und hell schien sie vom Himmel

ihre Strahlen golden schön

und die Seele atmet wieder

Sternenlicht

ist nun zu sehen

Silber Mond

ein Freund der Nacht

erhellt nun das Gemüt

Sonne und Mond sie bleiben

weil die Seele

Liebe lebt

Du hältst deine Welt

in deinen Händen

du schaust hinauf

zum Sonnenlicht

das dich wärmt

an allen Tagen

weil dein Herz

von Liebe spricht

Die Wanderin

deines Herzens

sie geht bei Tag

und auch bei Nacht

sie kühlt

ihr Fußbett in frischen Wasser

schläft unter dem Baum

der Weisheit ein

sie geht mit Schritten ohne Schleier

geht nach vorn

nur selten schaut sie zurück

sie wohnt

auf ihrem Liebesplaneten

er trägt Grün

so wie ihr Kleid

dessen Staub

sie in einem Sternenmeer wäscht

Wenn die schönsten Farben

des Himmels

in einem Gefühl nur sind

ein Regenbogen

sich über die Welt einfach spannt

die Engel singen und Sterne funkeln

der Mond sich zeigt

nicht mehr im Dunkeln

das Meer der Einsamkeit versiegt

hat die Welt viel gewonnen

Liebe

ist der Weg und das Ziel

Breite Straßen

in vollen Städten

hoch die Häuser

alles verbaut

Grünes Licht

zeigt sich im Norden

in vielen Herzen

zu viel Erinnerung

wann

dürfen sie die Liebe sehen

Die Laternen der Nacht

erhellen die Straßen

wie das Sternenlicht die Welt

es spiegelt sich im Wasser wider

das jeden Stern einzeln zählt

hell und leuchtend durch die Nächte

erzählen sie Geschichten alt

und zieht eine Wolke doch vorüber

es gibt noch den Tag

der so viel schenkt

Sie lies

ihre Sonne strahlen

nicht nur in der Nacht

lies

ihre Wärme fühlen

die Großes dann vollbracht

Hoffnungsschimmer

Silber Schein

Sonne rot und golden

Horizont im Traumlandlicht

zieht mit allem

was ich wünsche hin zum Morgen

getaucht in das funkelnde Sternenlicht

begrüßt im Tau des Morgens

und die Sonne

so viel verspricht

mit ihren goldenen Farben

Die Lichtbooten des Himmels

berühren sie

der Erde Haut

lassen ein Gefühl zurück

das vieles sich lohnt

wenn das Licht

ein großer Teil

vom Tun wohl ist

Die Liebenden der Zeit

Seelenberührung

Fragen

gibt es keine mehr

alles Gefühl spricht

der Ton

lieblich schön

von Angesicht

zu Angesicht

Wenn

sie das suchen

was sie noch finden möchten

wenn

sie das sehen

was sie schon fühlten

wenn

sie das fühlen

was noch vor ihnen liegt

wenn

sie erzählen

was sie schon wissen

was

kann ihnen geschehen

außer Zweisamkeit

Boten des Himmels

sie fliegen weit

vom Südpol zum Norden

nichts heilt die Zeit

nur der Gedanke

es endlich zu ändern

nur das Gefühl

so muss es werden

einmal langsam

einmal schnell

nichts heilt dich besser

als du dich selbst

die Boten des Himmels

sie fliegen weit

die Zeit sie hilft

beim Überlegen

sie hilft Gedanken

ins Gefühl zu legen

niemals

heilt sie nur allein

du bist gefragt

du allein

Von Marion Jana Goeritz ebenfalls beim Verlag BoD erschienen (BoD Books on Demand, Norderstedt, nähere Informationen finden Sie unter www.BoD.de)

„Liebe für die Seele Band 1"
ISBN 978-3-7357-4045-8

„Liebe für die Seele Band 2"
ISBN 978-3-7357-7734-8

„Seelenweiß"
ISBN 978-3-7347-5769-3

„Seelen essen Liebe gern"
ISBN 978-3-7347-8706-5

„SeelenEngel" ein spiritueller Erfahrungsbericht
ISBN 978-3-7386-2588-2

„SeelenSchlüssel"
ISBH 978-3-7386-3844-8

„Seelenfarben"
ISBN 978-3-7386-3947-6

„Seelenschimmer"
ISBN 978-3-7386-4014-4

„Seelenfinden"
ISBN 978-3-7386-4037-3

„Ein Gefühl meiner Seele"
ISBN 978-3-7386-1506-7

„Seelenfrieden" Danken, Bitten, Ent-
spannung ein persönlicher Erfahrungs-
bericht
ISBN: 978-3-7386-4884-3

„Seelenweihnacht"
ISBN: 978-3-7386-5616-9

„Im Land unter dem Regenbogen"
Wunderbare Märchen und unglaubli-
che Geschichten
ISBN: 978-3-7392-0115-3

„Freddy und seine Geschichten"
ISBN: 978-3-7386-3321-4

„SeelenWorte"
ISBN: 978-3-7392-0455-0

„Herzanker"
ISBN: 978-3-7392-3482-3

„Im Fluss der Liebe"
ISBN: 978-3-7392-3489-2

„Seelenklänge"
ISBN: 978-3-7392-3532-5

„Liebeslied"
ISBN: 978-3-7392-3548-6

„Wahre Traumtänzerin"
ISBN: 978-3-7392-3556-1

„Emilia Sommerfeld"
ISBN: 978-3-7392-3787-9

„Für mich war es Liebe"
ISBN: 978-3-8423-5362-6

„Kaleidoskop"
ISBN: 978-3-8423-5738-9

„Die verzauberte Wiese"
ISBN: 978-3-7412-0772-3

„Seelenbrücke"
ISBN: 978-3-7412-0890-4

„Wetterleuchten"
ISBN: 978-3-7412-2740-0

„Zentrifuge"
ISBN: 978-3-7412-4011-9

„Für Dich"
ISBN: 978-3-7412-4018-8

„Hannos Geschichten"
ISBN: 978-3-7412-9373-3

„Das Eulenherz"
ISBN: 978-3-7431-0009-1

„Eine Reise irgendwo hin"
ISBH: 978-3-7421-0042-8

„Ist das wirklich wahr?"
ISBN: 978-3-7431-1549-1

„Stille Momente"
ISBN: 978-3-7431-1586-6

„Engelszwirn"
ISBN: 978-3-7431-1594-1

„Anders"
ISBN: 978-3-7448-3582-4

„Wenn es spricht"
ISBN: 978-3-7448-3583-1

„Jonas und die Himmelsleiter"
ISBN: 978-3-7448-5452-8

„Farbenregen"
ISBN: 978-3-7448-5453-5

„Wellenfarbe"
ISBN: 978-3-7448-7311-6

Blanchefleur
ISBN: 978-3-7448-7415-1

„Winterzauber"
ISBN: 978-3-7448-9885-0

„Seele was denkst du dir?"
ISBN: 978-3-7448-9937-6

"Der Südwind
der aus dem Norden kam"
ISBN: 978-3-7448-8206-4

"Erinnerungsblick"
ISBN: 978-3-7460-1281-0

„Mosaik" Gefühle und Gedanken
Gedichte
ISBN:978-3-7460-1320-6

„Begegnung"
ISBN: 978-3-7460-9595-0

Weitere Informationen zu Neuerscheinungen finden Sie immer auf meiner Seite

www.buchkaleidoskop.Reikipraxis-Goeritz.de